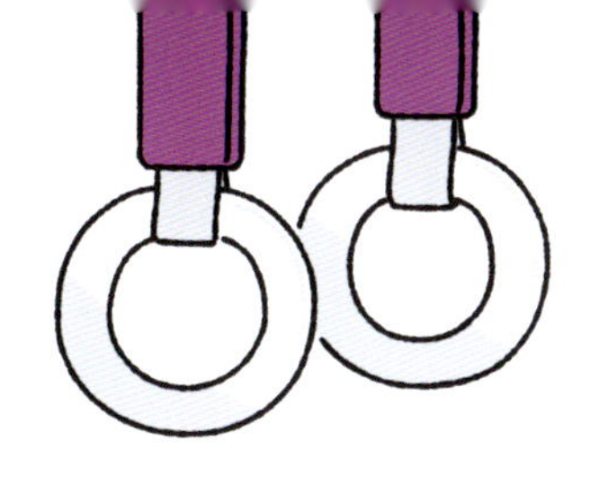

一人ひとり、みんなちがう！

男子のからだとこころ相談室

❸ これって性暴力？

監修
アクロストン
acrosstone

汐文社

はじめに

体や心がどんどん成長する時期を「思春期」といいます。

「体が大きくなった!」とウキウキする人がいれば、「なんか大人っぽくなってきちゃった」とドキドキする人、「ほかの人とちがう気がする。これってだいじょうぶかな」と不安でズーンとする人もいます。

私たちも小学校高学年から中学生のころ、そんな思春期を体験していました。

思春期の体にどんなことが起こるのか、困ったときにはどうしたらいいのか、だれに、どうやって相談したらいいのか知っておくことは、きっとみなさんの助けになると思います。

この本では、「対等な関係」「バウンダリー」「性暴力」の話をしています。
友だち、家族、親せき、先生と生徒、選手とコーチなど、いろいろな人間関係がありますが、性別や年齢にかかわらず大切なのが「対等な関係」(6ページ)と「バウンダリー」(7ページ)です。そして、どんな関係性の中でも「性暴力」は起こることがあります。

もしこの本を読んでいて、不安になったり、心配になったりしたときには、だれかに相談してみてください。保護者や先生、施設のスタッフなど、たよれる大人、相談できる大人はいますか? もしいなければ、25ページにのせた相談先もあります。
もし自分の不安や心配をうまく言葉にできそうになかったら、この本を見せて「ここに書いてあることが心配」と伝えるのもいいと思います。

この本は、男子(生まれたときに「男」と判定された人)のことを中心に書いてますが、どのような性別・年齢の人にもかかわることをたくさんのせています。

アクロストン

もくじ

＊この本の「男」「女」「男性」「女性」というのは、生まれたときに判定された性別のことです。

エッチな動画を人に見せてもいい？

これ見てよ！
超エロいぞ〜！
！
なんでこんなもの見せるの!?
気持ちわるい……
えっ、なんで!!
ぼくも本当は見たくなかったんだよな……

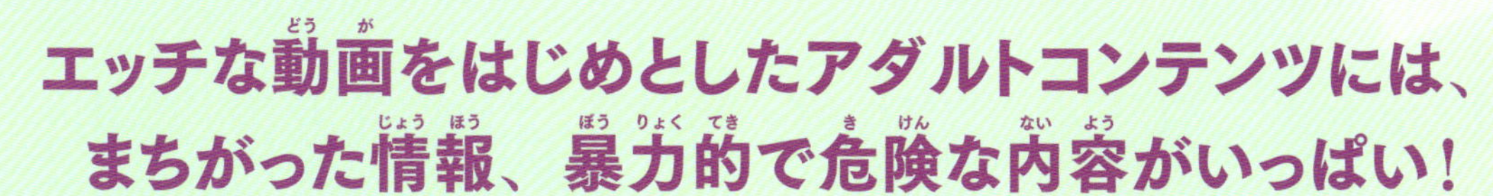

エッチな動画をはじめとしたアダルトコンテンツには、まちがった情報、暴力的で危険な内容がいっぱい！

興味をもつのは自然なこと、見たい気持ちはわかるけど、まちがった知識をつけてほしくないから、おすすめしません。

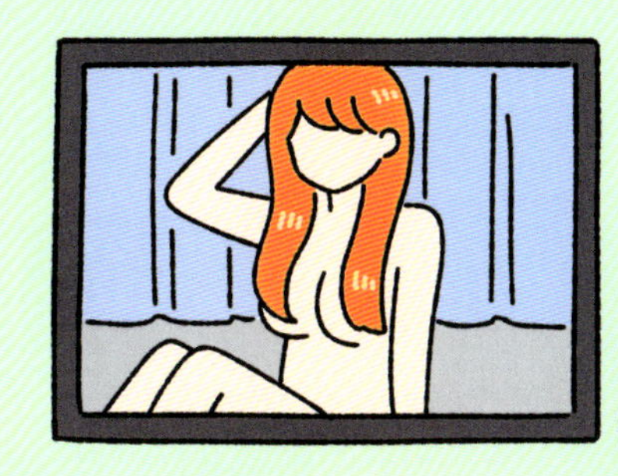

アニメ

あなたは18歳～?
あなたは18歳～?
動画

マンガ

写真集

エッチな動画をはじめとしたアダルトコンテンツを人に見せるのは、絶対にやめよう！

見てこわいと思ったり、いやな思いをする人もいます。
いやがる人に見せるのは、性暴力になる危険もあるよ。
自分で見る場合も「18歳以上」と書いてあるサイトやマンガなどを見るのはやめましょう。

対等な関係とは

いっしょにいると心地よく、自分らしくふるまえる家族や友だちの存在は大切です。自分も相手も、いやなことがあれば「いやだ」と伝えられ、いつでも安心していられる関係は対等です。対等ではない相手には、ストレスを感じたり、自分の考えを伝えにくかったりします。どうしたら対等な関係でいられるでしょうか。

★気持ちを正直に伝えられるかどうか

相手との関係を確認するひとつの方法に、「自分の気持ちを正直に相手に伝えられるか」があります。相手に「いやだ」と言ったときに、相手が怒ったり不機嫌になったりして、その後あなたが「いやだ」と言えなくなってしまうのは対等な関係とはいえません。また、相手がいやがるあなたに「どうして?」とたずねることができず、遠慮してしまうのも対等な関係とはいえません。「こんなことをしたら(言ったら)きらわれるかな?」と心配せずに、安心して相手に伝えられ、その後に仲よくでき、相手の気持ちを大切にできるのが対等な関係です。

★対等な関係とは

お互いに気持ちを正直に伝えても、その後に仲よくできる関係です。

かして
相手の態度を気にしないで「かして」と言える
相手の態度を気にしないで「いやだ」と言える
いやだ

★バウンダリーを意識しよう

人と人との間には、見えない境界線があります。これを、「バウンダリー」といいます。たとえば、知らない人の顔がすぐ近くにあったら、びっくりしてしまいますね。また、どんなに仲がよくても、知られたくないことや見られたくないことなどはあります。

対等な関係でいるためには、バウンダリーを尊重することが大切です。バウンダリーは、相手の年齢や性別などによっても変わりますし、そのときの気持ちによっても変わることがあります。自分を守るため、そしてまわりの人たちと気持ちよくつきあっていくために、バウンダリーがあることを意識してみましょう。

チェック あなたのバウンダリーは？

- □ 体形や顔について、他人からなにか言われたくない
- □ 友だちに自分の手をさわられてもいいけれど、頭や顔はさわられたくない
- □ つきあっている相手でも勝手にスマートフォンは見られたくない
- □ はだかは他人に見られたくない
- □ お互いに「好き」じゃなければ、キスはしたくない

プライベートゾーン

プライベートゾーンとは、自分の体の中で他人に見せたりさわらせたりしない場所のことです。同じように、ほかの人のプライベートゾーンも、同意なく見たりさわったりしてはいけません。

★プライベートゾーンはどこ？

「水着でかくれるところ」はプライベートゾーンとされることが多いです。

下のイラストで示した場所以外にも、「さわられたくない」「見られたくない」と感じるところはプライベートゾーンです。あなたのプライベートゾーンはイラストで示した以外にもありますか。考えてみましょう。

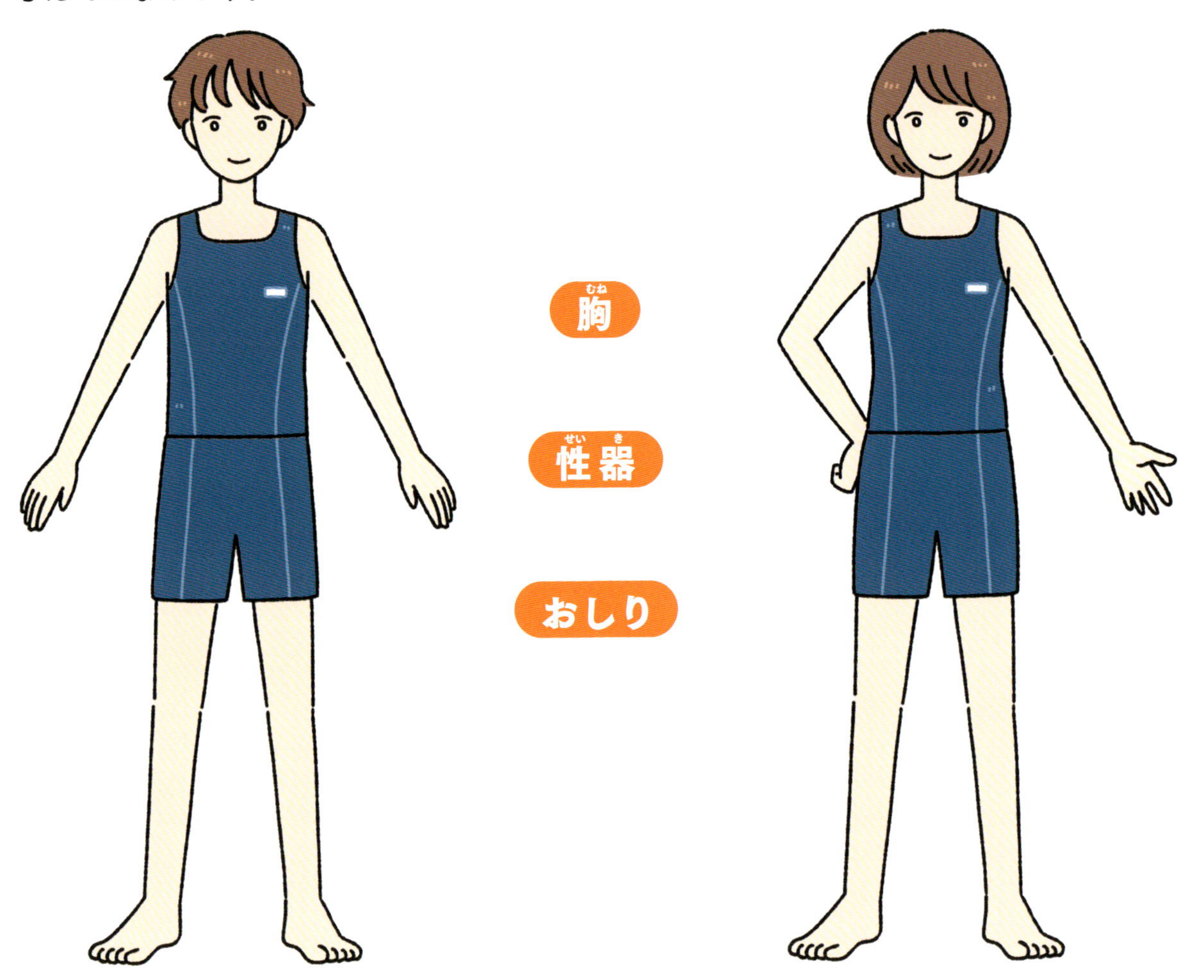

胸
性器
おしり

★気をつけたいこと

プライベートゾーンは一人ひとりちがいます。あなたと同じように、相手にもプライベートゾーンがあります。水着でかくれているところ以外、相手の体をさわってもいいかどうか、見てもいいかどうかを意識することは、相手の気持ちを尊重することにつながります。

さわらない

勝手に見ない

からだをむりやりさわらせない

見せない

友だちでも恋人でも同意が必要

ほかの人の体にさわるときは、さわってよいかどうか言葉で確認します。「してもよい」と確認できたら同意を得られたことになります。確認できないときは、さわらないようにします。どんなに仲がよくても、確認をとることは必要です。

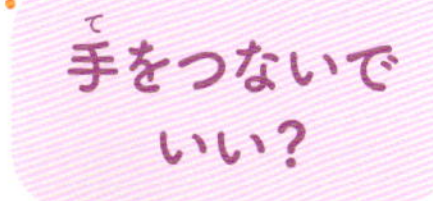
手をつないでいい？

いっしょに考えよう!

いやなことを断れる?

修学旅行の宿泊先でみんなでいっしょにお風呂に入るときに……

1
人にはだかを見られたくないな
お風呂に行こうよ!

2
やめておくよ
どうして?

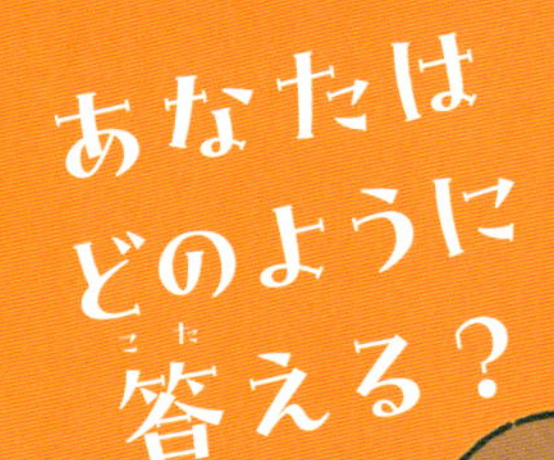
あなたはどのように答える?

ADVICE

いやなこと、やりたくないことは、正直に伝える

人前ではだかになることが平気な人もいますが、「いやだな」「はずかしいな」と感じる人も多いでしょう。同性どうしでも、プライベートゾーンを他人に見せたくないと思う人もいます。一人ひとり、考え方や感じ方はちがうものです。

みんなで行動しなければならないときに、「友だちとお風呂に入るのはいやだ」と言いづらいかもしれません。でも、それはあなたの正直な気持ちです。その気持ちにしたがって、「やめておく」「今、入りたくないから先に行って」と言葉で伝えてみましょう。

修学旅行先のことであれば、行く前に先生に相談してみましょう。そのときに、理由を説明したくなければ、しなくてもだいじょうぶです。わかってくれる先生ばかりではないかもしれませんが、自分の気持ちを押さえこまず、伝えてみましょう。

男
終了
どうして?
理由は言いたくありません
なるほど

いっしょに考えよう!

相手がいやがったら?

つきあっている子と公園でいっしょにいるときに……

1
抱きしめたいなあ
つきあっているんだから、いいよね?

2
ちょっとまって……
やめて!

あなたはどうする?

ADVICE

相手がどうしたいかを確認する

好きな人とふれあいたいと思う気持ちは、悪いことではありません。でも、その人もあなたと同じ気持ちでしょうか。バウンダリーは、相手やそのときの状況で変わるものです。好きな人が、どのような気持ちでいるか、どうしたいかを聞いてから行動するようにしてください。

どんな場合でも、相手の体にふれたいときには、まず、「手をつないでも、いい?」「キスをしたいけれど、いい?」などと確認することが大事です。もし相手がだまっていたら、それは「同意」のサインではありません。断ることが苦手な人もいるので、「いやだったら言ってね」などと、断りやすい雰囲気をつくることも大切です。何度もしつこく聞いたり、こわがらせるような言い方をしたりすると、相手を傷つけてしまいます。

いい？

とちゅうで「いや」と言ってよい

いったん「いいよ」と言って同意しても、とちゅうで「やっぱりいやだな」「もうやめたいな」と思ったら、「いや」と言っていいのです。「相手に悪いな」と感じても、自分の気持ちを大切にしてください。相手にとちゅうで「やっぱりいやだな」「もうやめたいな」と言われた場合も、しつこくせずに、すぐに受け入れましょう。

ちかん行為にあったらどうする？

ガタン
ゴトン
ス…
ガタン
ゴトン
ガタン
ゴトン
あれ？
ガタン
ゴトン
あっ……！
プシュー

こわくてなにもできなかったよ
こわくてうごけないのは当然の反応だよ
対策をいっしょに考えてみよう！
助けてー!!
車内で助けをよぶ
サッ
カバンなどでふせぐ
ビビビビ
防犯ブザーをならす
親や先生に相談する

性暴力ってなんだろう

「性暴力」という言葉を知っていますか。性暴力とは、「対等でない」「同意がない」「強要された」性的な行為のことです。「性暴力」というと、夜道などで不審者がおそってくるようなイメージがありますが、身近にも存在しています。見知らぬ人だけではなく、よく知っている人、たとえば親、きょうだい、親の恋人、親せき、先生、恋人、せんぱい、同級生などが行うことがあります。

★いろいろな性暴力

スカートをめくる

ズボンをおろす

性器を人に見せる

相手が
同意していない
性的な行為は
性暴力です

むりやり自慰行為をさせる

むりやり性器をさわらせる

警視庁防犯アプリ「デジポリス」

「痴漢撃退機能」では、画面の表示や音で、まわりに助けを求めることができます。

https://www.keishicho.metro.tokyo.lg.jp/kurashi/tokushu/furikome/digipolice.html

（画像は警視庁ホームページより）

痴漢です
助けてください
画面をタップすると作動します
助けて！
ちかん
されていませんか？

相手の同意なしでキスをする

ちかんをする

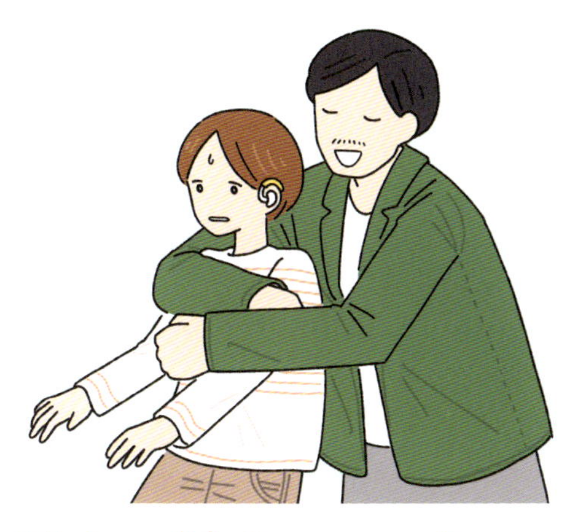

相手の同意なしで抱きつく

こっそり写真を撮る

なぜ性暴力が起こるのか

性別や年齢にかかわらず、だれでも性暴力を受ける可能性があります。中には、同性に性暴力をする人もいます。なぜ、性暴力が起こってしまうのでしょうか。

★立場が対等ではないときに起こりやすい

性暴力は、相手を自分の思い通りにしたいという支配的な感情から起こります。また、相手がいやがっている様子を見て「実はよろこんでいる」とまちがった思いこみをしたり、「ばれなければ問題ない」と考えたりすることからも起こります。

この関係、
対等？

大人・子ども

年上・年下

上下関係がある

★被害者にも加害者にもなる可能性がある

性暴力を受ける可能性があるだけではなく、自分が加害者になる可能性もあります。自分では問題のない行為だと思っていても、相手の同意がなければ、それは性暴力です。

また、相手に下着姿やはだかの写真（動画）を送らせること、その画像をスマートフォンなどに保存することは、「児童ポルノ禁止法」違反になります。相手の体にふれない行為でも、加害者になるのです。

はだかの写真を送って！
つきあってるから、いいよね？
断ったら
きらわれそう…
下着だったらいいよ
わいせつな画像を
送らせる、保存するなどは
犯罪です！
別れたあとに…
ふられて、
くやしい！
しかえしに、
前にもらった
下着の写真を
SNSに
のせてやろう
「リベンジ
ポルノ」といい、
犯罪です！

相手が恋人か友だちか、異性か同性かにかかわらず、このような犯罪にまきこまれる可能性はあります。決して性的な写真や動画を送らないようにしましょう。

人の心を傷つける性暴力

性暴力は、心も体も大きく傷つけます。どんなときでも被害者は100パーセント悪くありません。だれでも被害にあう可能性はあります。被害にあったらどんな気持ちになるか、どんなことを他人に言われることがあるのか、知っておきましょう。

★被害にあった人の心

性暴力の被害にあった人は、どんな場合でも、その人は悪くありません。悪いのは加害者です。しかし、性暴力を受けた人は、「自分が気をつけなかったから」「自分が大人の言うことをきかなかったから」などと、自分を責めてしまいがちです。この気持ちは、簡単に忘れられるものではなく、大人になってもつらい気持ちが続いてしまうことも少なくありません。

★セカンドレイプ（二次被害）とは

自分が受けた性暴力について家族や友だちなどに相談しても「おおげさじゃない?」「あなたにも悪いところがあったのでは?」「相手があなたのことを大好きだからだよ」などと言われてしまうことがあります。

このように性暴力を軽く扱われたり、被害にあったのに責任を押しつけられたり、なかったことにされたりしてしまうことを、セカンドレイプ（二次被害）といいます。セカンドレイプを受けると、「自分が悪いからだ」とさらに自分を責めたり、勇気を出して相談したのに否定されたことで、次から助けを求められなくなってしまう人もいます。

KARADA TO KOKORO

セカンドレイプにつながる性暴力にまつわる誤解

セカンドレイプが生まれる背景には、性暴力についてのまちがった認識があります。ここでは代表的な誤解を紹介します。正しい知識をもち、被害者をさらに傷つける発言をしないことが大切です。

男の子は被害にあわないでしょ?

➡16～24歳のうち身体接触をともなう性暴力被害にあった人は、女性15.0%、男性5.1%。男性も被害にあいます。

肌が見える服を着ていたあなたが悪いよ

➡ズボンや制服を着ているときでも被害にあいます。服装は関係ありません。

自分から誘ったんじゃない?

➡加害者は「弱そうな人」を選んでいます。1998年の科学警察研究所での調査で、犯行理由は「おとなしそうに見えた」(37.4%)「警察に届けることはないと思った」(37.2%)で、「挑発的な態度」はわずか6.7%です。

つきあっているんでしょう?

➡どんなときでも、同意が必要です!

ふたりきりになったのが悪いよ

➡まさか性暴力にあうとは思っていません。特に身近な人の場合、また、道を聞かれたり、手助けを求められて、親切に手を貸そうと思って被害にあってしまう場合もあります。

どうして助けを求めなかったの? 本当にいやだったらにげるはず

➡あまりのショックや恐怖で声を出せる人は少なく、体がすくんで動けなくなることもあります。

自分が望んで体が反応したんでしょう?

➡勃起や射精は生理現象で、意思に反して起こることがあります。

引用・参考資料:「『あなたは悪くない』と言ってあげられますか。」(性暴力をなくそうキャンペーン事務局、2009年8月)、「こども・若者の性被害に関する状況等について」(令和5年6月13日、内閣府男女共同参画局)

性暴力にあったら

もし性暴力にあってしまったら、自分を責めてしまうこともあるでしょう。でも、どんな場合であっても、悪いのは性暴力をした人です。被害者は悪くありません。まずは、そのことをしっかり覚えておきましょう。

★「やめて」と言おう・にげよう

ふだんから、自分にとっていやなことをされそうになったときには「やめて」と言いましょう。「やめて」と言うのは、自分で自分を守る行動です。ふだんから「やめて」と言えるようになっておくことで、性暴力にあったときに「やめて」といえるかもしれません。しかし、とてもこわいときには体が固まってしまい、声が出せないことはよくあります。たとえ、「やめて」と言えなかったとしても、その人は悪くありません。その場からはなれるか、安全な場所やできるだけ人の多い場所へにげましょう。

被害にあったときは「NO GO TELL」

NO
いや！と言う
GO
にげる
TELL
大人に話す
hello

性暴力にあう危険を減らすために

性暴力にあいにくくするために、次のことに気をつけましょう。

人がいないところや、死角に近づかない

公園のトイレ、駐車場など人がいなかったり、周囲からの目が届きにくい場所に行かないようにしましょう。

少しでも変だなと思ったら、大人に助けを求める

コンビニエンスストアなどの人のいる場所ににげこみましょう。親といっしょでなくても、「お母さん、お父さん」などと声を出すことは効果があります。

知っている人でも安心しない

よく知っている人でも、変だなと思ったらはなれましょう。いやなことをされそうだったら、信頼できる大人に伝えてください。

SNSなどで知り合った人に一人で会わない

どうしても会う必要がある場合は、信頼できる大人といっしょに会うようにしましょう。

SNSなどに自分の個人情報をのせない

顔写真、名前、住所、学校名などをのせないようにしましょう。風景の写真でも、場所を特定されることはよくあるので、注意してください。

性暴力にあったことを大人に
話すのはとても勇気がいるけれど、
これからの被害を減らすためにとても
大切なことなんだよ。
被害を告白した人が社会的に批判されて
しまうことも起こっているけど、
被害者は悪くないんだ。

いろいろな相談先

もしも性暴力にあってしまったら、どうしたらよいのでしょう。

こわかった、傷ついた、つらかった、その気持ちを一人で抱えこまず、ぜひだれかに相談してください。

★信頼できる大人に相談しよう

いちばんよいのは、身近にいる、信頼できる大人に相談することです。

あなたの話を聞いてくれそうな人は、近くにいますか。家族、親せき、クラスの先生、保健室の先生、習いごとや塾の先生、友だちのお父さんやお母さん、仲のよいお店の人などを思い浮かべてみましょう。

「この人なら話せる」と思える人がいたら、まず最初に「助けてほしい」と伝えてみましょう。うまく話せなくてもかまいません。口にしにくかったら、たとえば、この本の16〜17ページを見せて、指でさしてもよいでしょう。

信頼できる大人の見つけ方

「信頼できる大人」はどのような人でしょうか。見つけることがむずかしくても、探すことをあきらめないでください。すぐに思い当たる人がいなかったら、まず保健室の先生に相談してみるのもよいでしょう。

信頼できるのはどのような人?

- ☐ あなたに対してなれなれしくふるまわない(体や髪の毛をさわらない)
- ☐ 一定の距離を保って接してくれる
- ☐ あなたの意見を聞いてくれる
- ☐ 自分の考えをあなたに押しつけない
- ☐ 断りやすい雰囲気をつくってくれる

★まわりに相談できる人がいなかったら

相談ができる大人がまわりにいない、話しても助けてくれないときは、電話やチャットで相談できる場所があります。交番に行って、警察官に話す方法もあります。

電話で相談する

性犯罪・性暴力被害者のためのワンストップ支援センター（内閣府）

はじめに＃を押してから数字を押す

＃8891 ＊全国共通短縮番号

性犯罪被害相談電話「ハートさん」（警察）

はじめに＃を押してから数字を押す

＃8103 ＊全国共通短縮番号

チャットやメールで相談する

Cure time（内閣府）

名前を言わなくてもだいじょうぶです。

https://curetime.jp/

365日、毎日17時から21時にチャットで相談できる

ひみつは守ります
自分の名前は言わずに相談できるところもあるよ
どんな助けが必要かな？いっしょに考えよう
どんなことがあったのかな？
話せることから話してね

いっしょに考えよう！

SNSで知り合った人に会いに行く？

1 SNSで仲よくなったAちゃんと会う約束をした……

今度の日曜日に
会おうよ
いいよ！
おうちの
人には
ナイショね！
A♡
土日ヒマ？

2 待ち合わせ場所に行くと……

こんにちは！
Aちゃんは別のところで
待っているよ。さあ、行こう！
Aちゃん
だれ？

あなたはどうする？

ADVICE

SNSにはウソがあふれている

インターネットを通じて利用できるSNSやゲームチャットは、いろいろな人と知り合えたり、会話ができたりする、とてもおもしろいツールです。新しい知識や友だちがふえる一方で、たくさんの危険もひそんでいます。

インターネットの情報はすべて正しいとは限りません。ウソをついて人をだますことが簡単にできるSNSは、悪い人にとっても便利なツールです。たとえば、SNSで知り合った相手が、あなたと同じ性別や年齢だと書いていても、それが本当かどうかわかりません。写真を送ってもらっても、本人の写真ではないかもしれません。

SNSの出会いから性暴力にあう危険がある

ふだん学校や習いごとなどで知り合う人が、必ずよい人とは言い切れませんが、SNSで知り合う人は、どこでなにをしている人かがわからないぶん、危険性がまします。だまされて性暴力にあってしまった人もたくさんいます。

SNSで知り合った人と会うことは、おすすめしません。どうしても会いたい理由がある場合は、信頼できる大人に話して、いっしょについてきてもらいましょう。大人に相談できなかったり、ついてきてもらえなかったりするときは、会わないようにしましょう。

子どものための情報箱

この本で紹介している「性」の知識はほんの一部です。体や心の発達は一人ひとりちがうので、知りたいことや悩みも一人ひとりちがうと思います。

ここでは、もっとくわしく知りたい人や、困りごとがある人にとって、役立つ本やインターネットのサイト、相談先を紹介します(情報は2024年12月末現在のものです)。

★だれかに相談したいとき

24時間子供SOSダイヤル

いつでも電話で相談できます。

電話：0120-0-78310（24時間OK・通話無料・年中無休）

https://www.mext.go.jp/ijime/detail/dial.htm

チャイルドライン®

18歳までの子どものための相談窓口です。

電話：0120-99-7777（午後4時～午後9時・通話無料・12月29日～1月3日は休み）

https://childline.or.jp　＊チャットでも相談できます。

こどもの人権110番

子どもについての悩みを、子どもも大人も相談できます。法務局につながります。

電話：0120-007-110（月～金曜日 午前8時30分～午後5時15分・通話無料）

https://www.moj.go.jp/JINKEN/jinken112.html　＊メールやLINEでも相談できます。

よりそいホットライン

だれでも相談できます。外国語での相談もできます。

電話：0120-279-338（24時間OK・通話無料）

電話：0120-279-226（岩手県、宮城県、福島県の方はこちらへ）

https://www.since2011.net/yorisoi/　＊FAX、チャットやSNSでも相談できます。

★性についてもっと知るための本

10歳からの カラダ・性・ココロのいろいろブック 性とココロのいろいろ編

●著 アクロストン ●ほるぷ出版

10歳からの
カラダ・性・ココロのいろいろブック
アクロストン・著
性とココロのいろいろ編

思春期は、体の変化とともに、心にいろいろな気持ちが生まれてきます。好きという気持ちのこと、セックスや避妊のこと、LGBTQ＋のことなど、いろいろな話がつめこまれています。

ネットが最強のパートナーになる デジタルネイティブのための ネット・スマホ攻略術

●著 山崎聡一郎

●監修 藤川大祐 ●講談社

ネットが最強のパートナーになる
デジタルネイティブのための
ネット・スマホ
攻略術
山崎聡一郎

4コママンガと詳しい解説で、スマホの使い方、友だちとやり取りするときの注意点、人間関係のトラブルなどがのっています。これから使う人も、慣れてきた人にもおすすめです。

思春期の心とからだ図鑑

●監修 ロバート・ウィンストン

●日本語版監修 名越康文 ●三省堂

思春期の
心とからだ
図鑑
DK
HELP YOUR KIDS WITH GROWING UP

思春期の心と体の悩みに答えるガイドブックです。ネットいじめやドラッグ、多様な性的アイデンティティなど、現代的なテーマを多く取り上げています。具体的なアドバイスも満載です。

もやもやラボ キミのお悩み攻略BOOK!

●著 シオリーヌ

●小学館クリエイティブ

もやもや
ラボ
キミのお悩み攻略BOOK!
シオリーヌ

「友だちにどう思われているだろう？」「好きになるってどういうこと？」など、みんながもやもや感じている性について、うけとめて、悩みに答えてくれる本です。

★性についてもっと知るためのサイト

AMAZE

アメリカ発の性教育アニメの日本語版

https://amaze.org/jp/nihongo

セイシル

10代の性のモヤモヤに答える

https://seicil.com

10代のためのサイト Mex

相談窓口や居場所の紹介

https://me-x.jp

性犯罪・性暴力とは

https://www.gender.go.jp/policy/no_violence/seibouryoku/index.html

★先生・保護者の方へ

もし、子どもから性被害を打ち明けられたら、ショックで受けとめきれないかもしれません。しかし、「本当に?」「うそでしょう?」「どうして?」などの言葉をかけてしまうと、子どもは「信じてもらえなかった」と感じて、その後の対応がむずかしくなる場合があります。

子どもへかける言葉は、非常に重要です。まず、「なにがあったのか」「それをしたのはだれなのか」だけを聞き、「いつ」「どこで」「どんなふうに」といった詳しい内容は、専門機関の調査に任せましょう。ただし、子どものほうから話してくれたら、区切りのよいところまで聞いてください。そして、それ以上話させるようなことはしないでください。適切な対応をするための研修を実施している機関もあります(参考：RIFCR™研修　https://cfj.childfirst.or.jp/rifcr/)。

★参考図書

思春期の性と恋愛
子どもたちの頭の中がこんなことになってるなんて!

○著 アクロストン　○主婦の友社

思春期の子どもの保護者が知っておきたい性の知識や家庭での性教育が学べる本。

思春期の性と恋愛
子どもたちの頭の中がこんなことになってるなんて!
アクロストン

性暴力被害の実際
被害はどのように起き、どう回復するのか

○編著 齋藤梓、大竹裕子
○金剛出版

性被害当事者の人生に及ぼす影響、回復への道のり、必要な支援を考える。

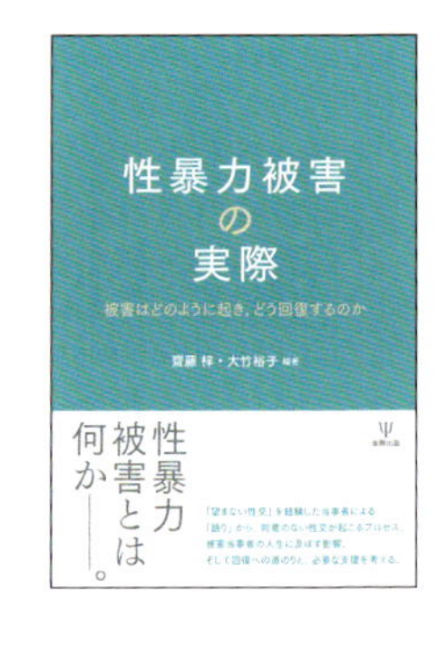
性暴力被害の実際
被害はどのように起き、どう回復するのか
性暴力被害とは何か——。

改訂 性の"幸せ"ガイド
若者たちのリアルストーリー

○著 関口久志
○エイデル研究所

性教育について知りたい人が、まず読むのに最適。豊富な実践例と科学的根拠が満載。

改訂
HAPPINESS GUIDE OF SEXUALITY
性の"幸せ"ガイド
若者たちのリアルストーリー
関口久志 著

発達が気になる子の性の話
みんなでいっしょに学びたい

○監修 伊藤修毅　○講談社

子どもと大人が一緒に性のことを学べる本。子どもへの伝え方が参考になる。

発達が気になる子の性の話
伊藤修毅
みんなでいっしょに学びたい

はなそうよ! 恋とエッチ
みつけよう!　からだときもち

○著 すぎむらなおみ＋えすけん
○生活書院

保健室の先生たちが現場経験を基に、性の基本や多様性をわかりやすく解説。

はなそうよ！恋とエッチ
みつけよう！からだときもち

秘密を語る時間

○著 ク・ジョンイン
○柏書房

幼いころの性被害を誰にも言えないままでいる中学生の日々が、静かに描かれたマンガ。

秘密を語る時間
"秘密"と共に生きる、すべての人に贈る物語。

さくいん

あ行

か行

さ行

た行

な行

は行

ま行

ら行

監修 **アクロストン**

2人の医師による性教育コンテンツ制作ユニット。2人は妻、夫の関係で、中学生の子ども2人とともに暮らす。小中学校での授業や、自治体主催の講演会・ワークショップ、家庭ではじめられる性教育のヒントや性に関する社会問題についての執筆、SNS等での発信、web・雑誌記事の監修を行っている。

アクロストンオフィシャルサイト　https://acrosstone.jimdofree.com

マンガ・イラスト

サキザキナリ

デザイン

小沼早苗（Gibbon）

執筆

鈴木麻由美（こんぺいとぷらねっと）

編集

上井美穂（こんぺいとぷらねっと）

一人ひとり、みんなちがう！
男子のからだとこころ相談室
3 これって性暴力？

2025年3月　初版第1刷発行

監　修　アクロストン
発行者　三谷　光
発行所　株式会社汐文社
〒102-0071 東京都千代田区富士見1-6-1
TEL:03-6862-5200｜FAX:03-6862-5202
https://www.choubunsha.com/
印　刷　新星社西川印刷株式会社
製　本　東京美術紙工協業組合

乱丁・落丁本はお取り替えいたします。
ご意見・ご感想はread@choubunsha.comまでお寄せください。
ISBN　978-4-8113-3161-4　NDC367